Para nuestro quiropráctico, el doctor Jeffrey Ninberg,
quien siempre nos cubre las espaldas.
—K. K. & P. B.

Para ti, que todavía estás observando el cielo nocturno.
—B. K.

"Tan solo soy un niño que nunca creció. Sigo haciendo
preguntas del tipo *cómo* y *por qué*. De vez en cuando,
hallo una respuesta". —Stephen Hawking

¡NO PIERDAS LA CURIOSIDAD!

LA VIDA DE STEPHEN HAWKING

KATHLEEN KRULL Y **PAUL BREWER**

ILUSTRACIONES DE **BORIS KULIKOV**

TRADUCCIÓN DE **ISABEL C. MENDOZA**

Stephen Hawking creció en Inglaterra, haciendo preguntas entre personas que ejercitaban el cerebro día y noche. A veces, toda la familia cenaba en silencio, cada uno concentrado en su propio libro.

Otras veces, ponían música de ópera a todo volumen, mientras trabajaban en los panales de abejas que tenían en el sótano o hacían fuegos artificiales en el invernadero.

En las noches de verano, se tendían en el jardín a mirar las estrellas.

Stephen se deleitaba desarmando radios y relojes para ver cómo funcionaban. (Volverlos a armar no era tan divertido). Sus juguetes favoritos eran aquellos que podía controlar, como trenes, aviones y botes a escala.

Hacia los doce años, se había rodeado
de buenos amigos a quienes también
les gustaba preguntar cómo y por qué
funcionaba el mundo. Hacían extensos
debates sobre cómo se había formado el
universo y otros temas importantes. Y se
inventaban sus propios juegos de mesa, con
muchos personajes y reglas extremadamente
difíciles de dominar.

Con la ayuda de Dikran Tahta, su maestro de matemáticas, Stephen y sus amigos pasaron de crear juegos de mesa a inventar computadoras básicas. Con piezas internas de un reloj, un viejo conmutador de teléfonos y otras cosas recicladas, hicieron una máquina que podía resolver operaciones matemáticas básicas. Era el año 1958: muchísimo antes de que la mayoría de la gente supiera lo que era una computadora.

El señor Tahta guio a Stephen hacia la física, la ciencia que se ocupa de la energía, el movimiento y el tiempo. A pesar de que Stephen no ponía mucha atención ni estudiaba con empeño, sacaba las máximas calificaciones en sus exámenes universitarios; y se ganó una beca.

Stephen siempre le dio al señor Tahta el crédito por su propio éxito. "Cuando uno piensa en las cosas que es capaz de hacer, es muy probable que todo haya sido gracias a un maestro".

A los diecisiete años, ingresó a la Universidad de Oxford;
la misma a la que había asistido su papá, y (algo que era raro
en esa época) también su mamá.

Al comienzo, como era menor que la mayoría de sus
compañeros, Stephen era muy solitario. Dedicaba el tiempo
a devorar novelas de ciencia ficción, en lugar de estudiar.
Nunca tomaba apuntes en clase, y solo compraba libros
de texto para buscar errores en ellos.

Sacar buenas calificaciones no le costaba mucho, pero
le era difícil hacer amigos. Como los remadores gozaban de
popularidad, decidió ingresar al club de remo. Y le fue muy bien.

El deporte no era lo suyo, así que se especializó en guiar
el bote. Le encantaba estar al mando de ocho corpulentos
remadores, pero a veces no podía resistir la tentación de realizar
maniobras temerarias, como dirigir a la tripulación a propósito
hacia los botes rivales.

De pronto, por alguna extraña razón, le empezó a costar mucho dirigir el bote. Stephen, que siempre quería controlar cosas, comenzó a perder el control de su cuerpo. Amarrarse los cordones de los zapatos se le volvió una tarea frustrante, y a veces arrastraba las palabras al hablar. Hasta llegó a caerse por unas escaleras. Pero mantuvo su problema en secreto. Se graduó, y luego ingresó a la Universidad de Cambridge para obtener un título en la ciencia del universo.

Un día, en una visita a su familia, se cayó mientras patinaba en el hielo con su madre, y no pudo levantarse. Preocupados, sus padres lo llevaron al médico. Durante varias semanas, le hicieron una serie de exámenes dolorosos.

Las noticias no eran buenas. Tenía esclerosis lateral amiotrófica (ELA). Los nervios que controlaban sus músculos voluntarios (los que nos permiten movernos, hablar y hasta respirar) estaban apagándose.

A los veintiún años de edad, le dijeron a Stephen que le quedaban solo dos años de vida.

Stephen se sintió destrozado. Pasaba horas a solas, escuchando óperas, aislado del mundo; hasta de su nueva novia, Jane Wilde. Pero recordaba a quien fue su compañero de habitación en el hospital: un niño que estaba muriéndose de un cáncer muy doloroso. Otros lo estaban pasando mucho peor que él.

Lo que lo hacía feliz era crear y explorar mundos en su mente, algo que podía seguir haciendo, ya que la enfermedad no le afectaba el cerebro. Trabajar era para él como jugar un juego: "el juego del universo". Y, afortunadamente, Stephen Hawking todavía podía jugar.

Por fin encontró la manera de concentrarse. "Antes del diagnóstico, me aburría mucho", explicó después. La ELA lo volvió más ingenioso. "Me vi obligado a viajar por el universo con mi imaginación, y a tratar de visualizar su funcionamiento".

Había algo más que lo motivaba a seguir adelante. Se había enamorado profundamente de Jane, y, para casarse con ella, tenía que graduarse y conseguir un empleo en su campo. El compromiso con Jane "me cambió la vida y me dio una razón para vivir", dijo.

Jane hizo mucho más que inspirarlo. Stephen se negaba a recibir ayuda de extraños, así que dependía de ella para todo: desde encargarse de sus necesidades médicas hasta mecanografiar su trabajo.

Sin embargo, cuatro años después de que los médicos le dieran dos años de vida, Stephen y Jane tuvieron su primer hijo. Él decía que el nacimiento de Robert había sido el mejor momento de su vida. Luego nacieron otros dos hijos: Lucy y Timothy. A Stephen le encantaba jugar con ellos todo lo que podía; especialmente, juegos de mesa, como ajedrez y Monopolio.

Una vez dijo: "El universo no sería gran cosa si en él no viviera la gente que amas".

Stephen perdió la capacidad de escribir a mano, pero su memoria se convirtió en una especie de superpoder. Una vez, les enseñó a sus estudiantes a resolver una ecuación en cuarenta pasos, todo de memoria. Su pronunciación se volvió cada vez más confusa, pero la gente que lo conocía bien servía de intérprete para que otros entendieran.

Se esforzó por subir las escaleras solo y alistarse para dormir sin ayuda todo el tiempo que le fue posible. Se demoraba tanto subiendo que aprovechaba esos ratos para hacer cálculos mentalmente.

Stephen se resistió mucho a usar silla de ruedas. Cuando al fin accedió, a finales de la década de 1960, se volvió famoso por su manera temeraria de conducir su silla de ruedas. Se rumoraba que, con su travieso sentido del humor intacto, le atropellaba los pies a la gente que no le caía bien. Él juraba que aquel rumor era falso: "Y atropellaré a quien lo vuelva a decir".

Nunca paró de hacer preguntas, y por fin comenzó a encontrar respuestas. En 1973, a los treinta y un años, publicó su primer libro, en el que intentó demostrar que el universo había comenzado en un punto y se habría expandido rápidamente, disparando hacia la oscuridad los cimientos de *todas las cosas*. Esto hoy se llama el Big Bang (la gran explosión) y se le considera el origen de todo el espacio y el tiempo. Pero su libro, que hasta él mismo describió como ilegible, no tuvo mucho éxito.

Al año siguiente, Stephen descubrió algo sobre los agujeros negros, aquellos misteriosos espacios que se crean cuando mueren las estrellas. Los científicos creían que los agujeros negros se tragaban todo lo que caía en ellos, y que nada se les escapaba. Stephen se dio cuenta de que los agujeros negros no eran completamente negros, y que, de hecho, podían dejar escapar luz en forma de radiación. La noticia de su vertiginoso descubrimiento —conocido como la radiación de Hawking— se propagó, desatando su fama internacional.

Cinco años después, lo nombraron para un cargo importante en una universidad, el mismo que una vez desempeñó el genio Isaac Newton. En una ceremonia especial, Stephen tenía que firmar el libro oficial. Y él lo hizo, aunque con mucha dificultad. Esa fue la última vez que escribió su nombre.

Varios amigos y estudiantes inventaron aparatos que lo ayudaban con sus discapacidades. Pero Stephen necesitaba más ayuda. En 1980, aceptó por fin los servicios de una enfermera profesional. A fin de cuentas, eso le podría dar libertad para poder hacerse más preguntas.

Como sus cuidados médicos se volvieron más costosos, decidió escribir otro libro sobre sus investigaciones para ganar dinero para ayudar a su familia. "Mi meta es sencilla", dijo. "Será un tratado completo sobre el universo, por qué es como es y, en definitiva, por qué existe".

Esta vez, estaba decidido a crear un libro que cualquiera pudiera entender, no solo los científicos. Escribirlo fue una tortura. (Hacerle correcciones tampoco fue divertido).

Por fin se publicó *Historia del tiempo: del Big Bang a los agujeros negros*. Para sorpresa de todos, escaló rápidamente al primer lugar de las listas de libros más vendidos. La gente estaba hambrienta por conocer el misterio de la vida, explicado en un solo libro. No resultó ser tan fácil de entender como él había querido; pero el solo hecho de tener el libro hacía que las personas se sintieran más inteligentes, aunque este se quedara sin abrir sobre la mesita de la sala.

La mente genial de Stephen resultó alucinante, aunque estuviera atrapada dentro de un cuerpo frágil. Stephen era una triunfante fuerza vital, casi de otro mundo.

Le concedieron premios por todo el planeta, y él viajó a recibirlos siempre que pudo. Lo reconocían en todas partes: "La silla de ruedas me delata". Stephen recibió la fama con los brazos abiertos, convirtiéndose en el centro de atención en las fiestas que se hacían en sus habitaciones de hotel, bailando en su silla de ruedas hasta las tantas de la madrugada, bajo el destello de luces de discoteca.

"El hecho de que me guste pensar mucho no significa que no me gusten las fiestas, ni meterme en problemas", decía.

Más tarde, en 1985, mientras combatía una pulmonía, unos cirujanos tuvieron que insertarle un tubo en el cuello para ayudarlo a respirar. Perdió la voz para siempre.

Unos amigos instalaron una pequeña computadora y un sintetizador de voz en su silla de ruedas. Desde entonces, Stephen "hablaba" con una voz robótica con acento estadounidense.

Su salud se deterioró tanto que al fin fue necesario que tuviera una enfermera a su lado día y noche. Pero, cuando se mejoraba, llegaba a los lugares como si fuera montado en una carroza, rodeado de estudiantes y admiradores.

Entró a formar parte de la cultura popular, haciendo alarde de su ingenio en escenas de *Viaje a las estrellas: la nueva generación*, *Los Simpson* y *La teoría del Big Bang*. Bromeó en programas de entrevistas, y nunca dudó en burlarse de sí mismo (algo poco común entre académicos).

"La vida sería trágica si no fuera divertida", dijo en varias ocasiones.

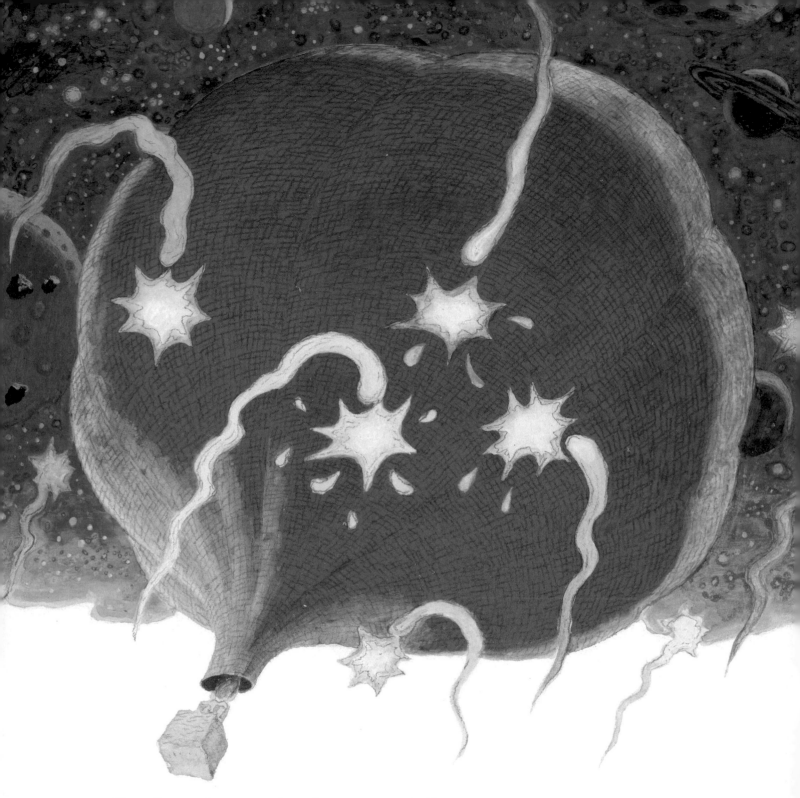

Stephen siempre hacía una gran fiesta en sus cumpleaños, celebrando con fuegos artificiales los años que había sobrevivido.

Cuando cumplió los sesenta, como había logrado vivir casi cuarenta años más de lo que habían pronosticado sus médicos, hizo un viaje en un globo aerostático diseñado especialmente para llevar su silla de ruedas.

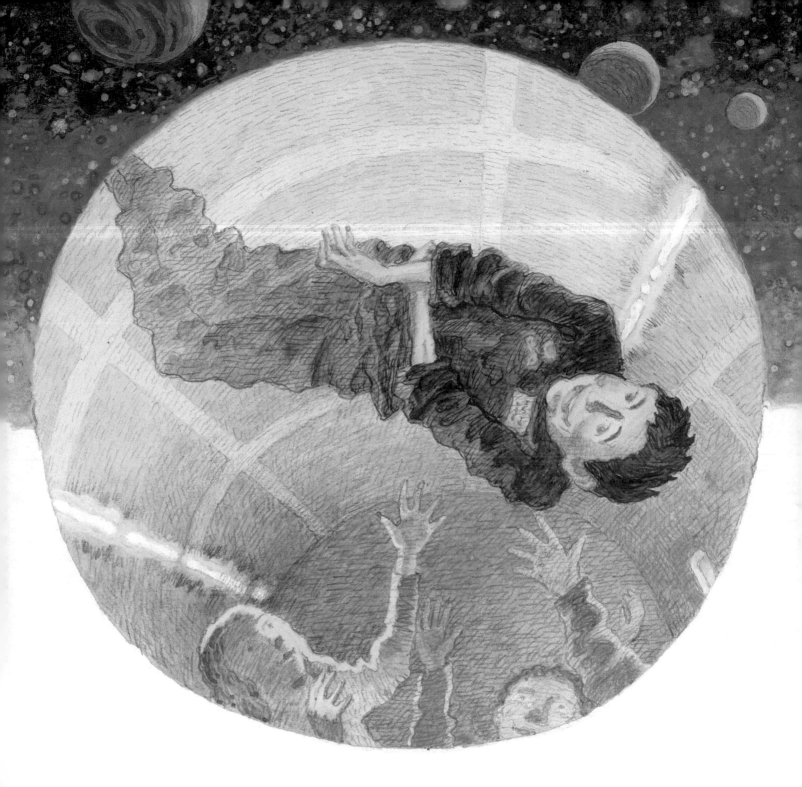

Hacia los sesenta y cinco años, se había entusiasmado con la idea de ser uno de los primeros turistas espaciales. En una visita al centro espacial de Florida, voló en un avión especial y flotó libremente, fuera de su silla de ruedas, experimentando el placer de la ingravidez.

"Espacio, ¡aquí voy!", exclamó Hawking.

Durante los siguientes dos años, Stephen llegó a estar paralizado casi por completo. Pero siguió pensando en el futuro, buscando vida en otros planetas y trabajando en aplicaciones; y hasta abrió una cuenta de Facebook para comunicar las alegrías de su viaje. "No tengo prisa en morir", dijo en 2011. "Quiero hacer muchas cosas antes de eso".

En 2012, no pudo asistir a la fiesta de sus setenta años porque estaba hospitalizado. Pero después, ese mismo año, inauguró los Juegos Paralímpicos de Verano, para atletas con discapacidades. "Todos somos diferentes… pero compartimos la misma naturaleza humana".

Cuando cumplió los setenta y tres, hizo una fiesta con el tema de Plutón. Los invitados tenían que disfrazarse de cuerpos celestes. Stephen llegó disfrazado de Plutón, el dios romano del inframundo. Antes de los fuegos artificiales —siempre había fuegos artificiales—, instó a los invitados a apoyar la exploración espacial.

Continuó haciendo preguntas y descubrimientos, pronunciándose en favor de la justicia social, opinando sobre sucesos mundiales y abogando por los derechos de las personas con discapacidades.

Tan solo diez días después de escribir un artículo científico, Stephen murió en paz en su casa, a los setenta y seis años. Es una de las personas que más tiempo ha vivido con ELA.

Las preguntas que se hizo estimularon la apertura de nuevas galaxias en el pensamiento científico. Al mismo tiempo, inspiró a todos con su sentido del juego en la indagación científica. "Nadie emprende un proyecto de investigación en física con la intención de ganarse un premio. Es por la alegría de descubrir algo que nadie sabía hasta entonces".

Siempre con un sentido del humor astronómico, Stephen Hawking impulsó el avance de la ciencia.

NOTA DE LOS AUTORES

Uno de nosotros está obsesionado con el Big Bang y los agujeros negros; y el otro, con las biografías dramáticas. Nuestros dos intereses se fundieron en la admiración que sentimos por Stephen Hawking. ¿Quién *no está* fascinado con Hawking (o al menos, con la historia de su vida)? Fue diagnosticado a los veintiún años con ELA, una enfermedad que va incapacitando poco a poco; y le dieron solo dos años de vida. Pero él resistió y continuó trabajando durante cincuenta y cinco años más. Fue, literalmente, uno en mil millones: a pesar de sus limitaciones físicas extremas, hizo descubrimientos científicos que cambiaron la manera en que entendemos el mundo. Es un placer entregarles a los jóvenes lectores su historia —sumada al reto de describir su trabajo tan sofisticado—, adornada con el exquisito arte de Boris Kulikov.

—Kathleen Krull y Paul Brewer

FUENTES DE LAS CITAS

"Tan solo soy un niño que nunca creció": Larsen, Kristine. *Stephen Hawking: A Biography* (pág. 24).

"Cuando uno piensa en las cosas que es capaz de hacer": Ferguson, Kitty. *Stephen Hawking: An Unfettered Mind* (pág. 292).

"el juego del universo": Ferguson, Kitty. *Stephen Hawking: An Unfettered Mind* (pág. 49).

"Antes del diagnóstico, me": biography.com/scientist/stephen-hawking

"Me vi obligado a viajar por el universo con mi imaginación": history.co.uk/article/a-brief-history-of-stephen-hawking

"me cambió la vida y me dio una razón para vivir": Ferguson, Kitty. *Stephen Hawking: An Unfettered Mind* (pág. 40).

"El universo no sería gran cosa": biography.com/scientist/stephen-hawking

"Y atropellaré a quien lo vuelva a decir": Ferguson, Kitty. *Stephen Hawking: An Unfettered Mind* (pág. 91).

"Mi meta es sencilla": Ferguson, Kitty. *Stephen Hawking: An Unfettered Mind* (pág. 239).

"La silla de ruedas me delata": Hawking, Stephen. *My Brief History* (pág. 122).

"El hecho de que me guste pensar mucho": telegraph.co.uk/news/science/science-news/12107623/Prof-Stephen-Hawking-disaster-on-planet-Earth-is-a-near-certainty.html

"La vida sería trágica si no fuera divertida": nytimes.com/2018/03/14/world/europe/stephen-hawking-quotes.html

"Espacio, ¡aquí voy!": biography.com/scientist/stephen-hawking

"No tengo prisa en morir": nytimes.com/2018/03/14/world/europe/stephen-hawking-quotes.html

"Todos somos diferentes": Ferguson, Kitty. *Stephen Hawking: An Unfettered Mind* (pág. 274).

"Nadie emprende un proyecto de investigación en física": theguardian.com/science/2012/dec/10/stephen-hawking-physics-prize

FUENTES (*Recomendadas para jóvenes lectores)

* Edwards, Chris. *All About Stephen Hawking*. Indianapolis: Blue River Press, 2017.

Ferguson, Kitty. *Stephen Hawking: An Unfettered Mind*. Nueva York: St. Martin's Press, 2017.

Finnigan, Stephen, dir. *Hawking*. 2013, PBS. youtu.be/hi8jMRMsEJo

Genius. 2016, PBS. pbs.org/genius-by-stephen-hawking

Hawking. 2014, PBS. pbs.org/show/hawking

Hawking, Jane. *Traveling to Infinity: My Life with Stephen*, rev. ed. Richmond, Surrey, Reino Unido: Alma Books, 2014. (Base de la película biográfica de 2014 *The Theory of Everything*, dirigida por James Marsh).

Hawking, Stephen. "The Beginning of Time". Conferencia dictada en 1996. hawking.org.uk/lectures.html

Hawking, Stephen. "A Brief History of Mine". Última conferencia pública, Cambridge Union, 2017. youtu.be/iGWeolO8fjM

Hawking, Stephen. *My Brief History*. Nueva York: Bantam Books, 2013.

Hawking, Stephen. "Why We Should Go into Space". 21 de abril de 2008, conferencia de la NASA, George Washington University. nasa.gov/pdf/223968main_HAWKING.pdf

* Hawking, Stephen y Lucy Hawking. *George's Secret Key to the Universe*. Nueva York: Simon & Schuster, 2009. (Y cuatro secuelas más, todas escritas con su hija, Lucy).

Into the Universe with Stephen Hawking. 2010, Discovery Channel. discovery.com/tv-shows/into-the-universe-with-stephen-hawking/

Larsen, Kristine. *Stephen Hawking: A Biography*. Amherst, NY: Prometheus Books, 2007.

Morris, Errol, dir. *A Brief History of Time*. 1991. kanopy.com/product/brief-history-time

"Questioning the Universe". 2008, charla TED, ted.com/speakers/stephen_hawking

* Senker, Cath. *Stephen Hawking*. Chicago: Heinemann Raintree, 2016.

Sitio web oficial de Stephen Hawking: hawking.org.uk

"Stephen Hawking". Biography.com. biography.com/people/stephen-hawking-9331710

"Stephen Hawking". Facebook.com. facebook.com/stephenhawking

"Stephen Hawking". Internet Movie Database (IMDB). imdb.com/name/nm0370071

"Stephen Hawking". Space.com. space.com/15923-stephen-hawking.html

Stephen Hawking: A Personal Journey. 2014, PBS. youtube.com/watch?v=7NN2vsNgbZs

"Stephen Hawking at 70: Exclusive Interview". Revista *New Scientist*, 4 de enero de 2012. newscientist.com/article/mg21328460-500-stephen-hawking-at-70-exclusive-interview

* Strathern, Paul. *Hawking and the Black Holes: The Big Idea*. Nueva York: Anchor Books, 1998.

"The Universe and Beyond, with Stephen Hawking". StarTalk Radio. startalkradio.net/show/universe-beyond-stephen-hawking

* Venezia, Mike. *Stephen Hawking: Cosmologist Who Gets a Big Bang Out of the Universe*. Nueva York: Children's Press, 2009.

© 2024, Vista Higher Learning, Inc.
500 Boylston Street, Suite 620
Boston, MA 02116-3736
www.vistahigherlearning.com
www.loqueleo.com/us

© Del texto: 2020, Kathleen Krull y Paul Brewer
© De las ilustraciones: 2020, Boris Kulikov

Publicado originalmente en Estados Unidos bajo el título *Stay Curious: A Brief History of Stephen Hawking*
por Crown Books for Young Readers, un sello de Random House Children's Books.
Esta traducción ha sido publicada bajo acuerdo con Random House Children's Books,
una división de Penguin Random House LLC.

Dirección Creativa: José A. Blanco
Vicedirector Ejecutivo y Gerente General, K–12: Vincent Grosso
Desarrollo Editorial: Salwa Lacayo, Lisset López, Isabel C. Mendoza
Diseño: Radoslav Mateev, Gabriel Noreña, Andrés Vanegas, Manuela Zapata
Coordinación del proyecto: Karys Acosta, Tiffany Kayes
Derechos: Jorgensen Fernandez, Annie Pickert Fuller, Kristine Janssens
Producción: Thomas Casallas, Oscar Díez, Sebastián Díez, Andrés Escobar, Adriana Jaramillo, Daniel Lopera, Daniela Peláez
Traducción: Isabel C. Mendoza

¡No pierdas la curiosidad!: la vida de Stephen Hawking
ISBN: 978-1-66991-824-0

Printed in the United States of America
1 2 3 4 5 6 7 8 9 GP 29 28 27 26 25 24